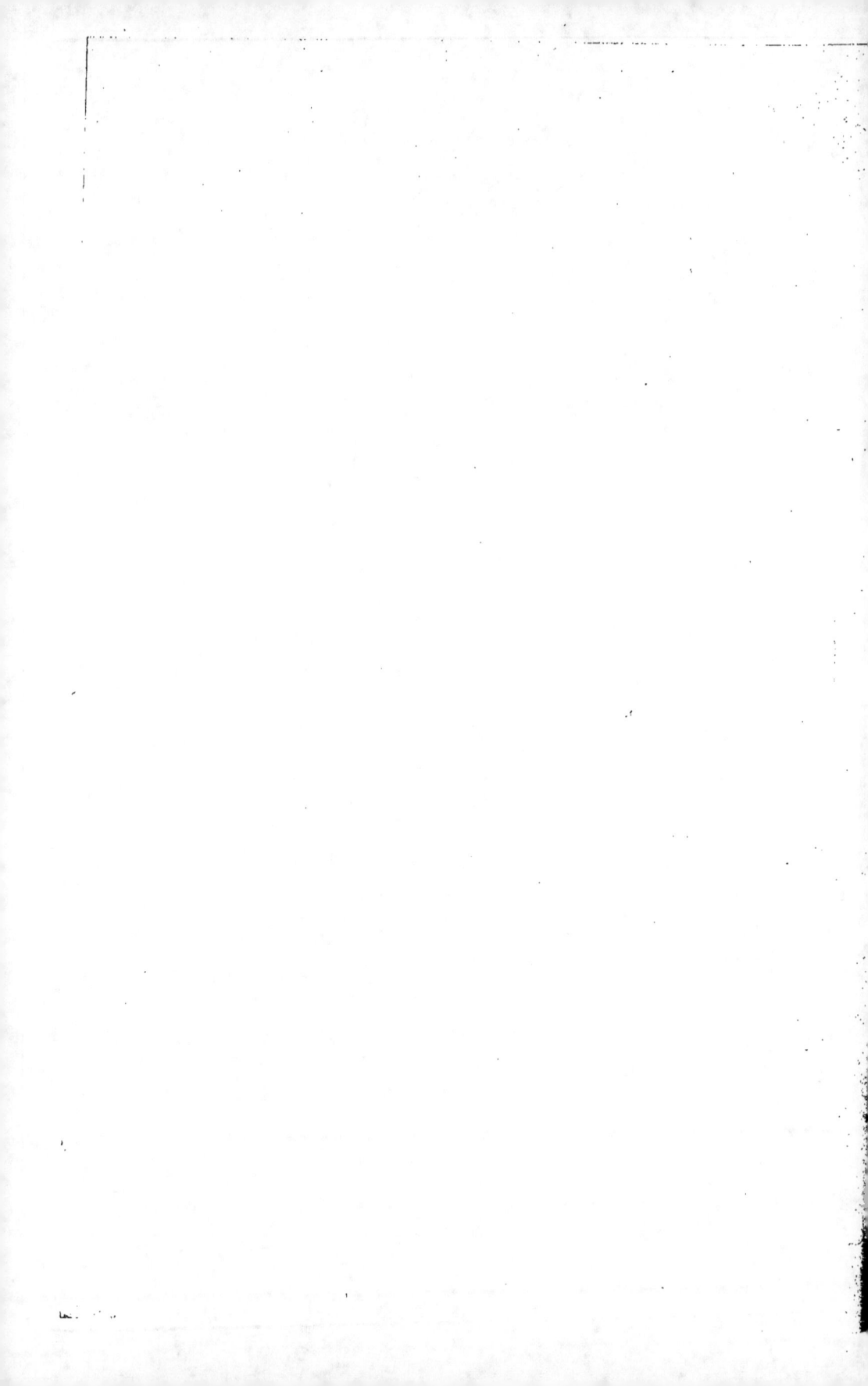

ÉLOGE FUNÈBRE

DU

R. P. Pierre BOYER

Supérieur des Oblats du Sacré-Cœur de Jésus

ET DU

Cœur Immaculé de Marie

MISSIONNAIRES DE SAINT-EDME

Prononcé dans l'Église de Pontigny

LE 26 AVRIL 1892

Par le R. P. L.-F. MASSÉ

DE LA MÊME SOCIÉTÉ

AUXERRE

IMPRIMERIE OCTAVE CHAMBON, 8, RUE DU COLLÈGE

—

1892

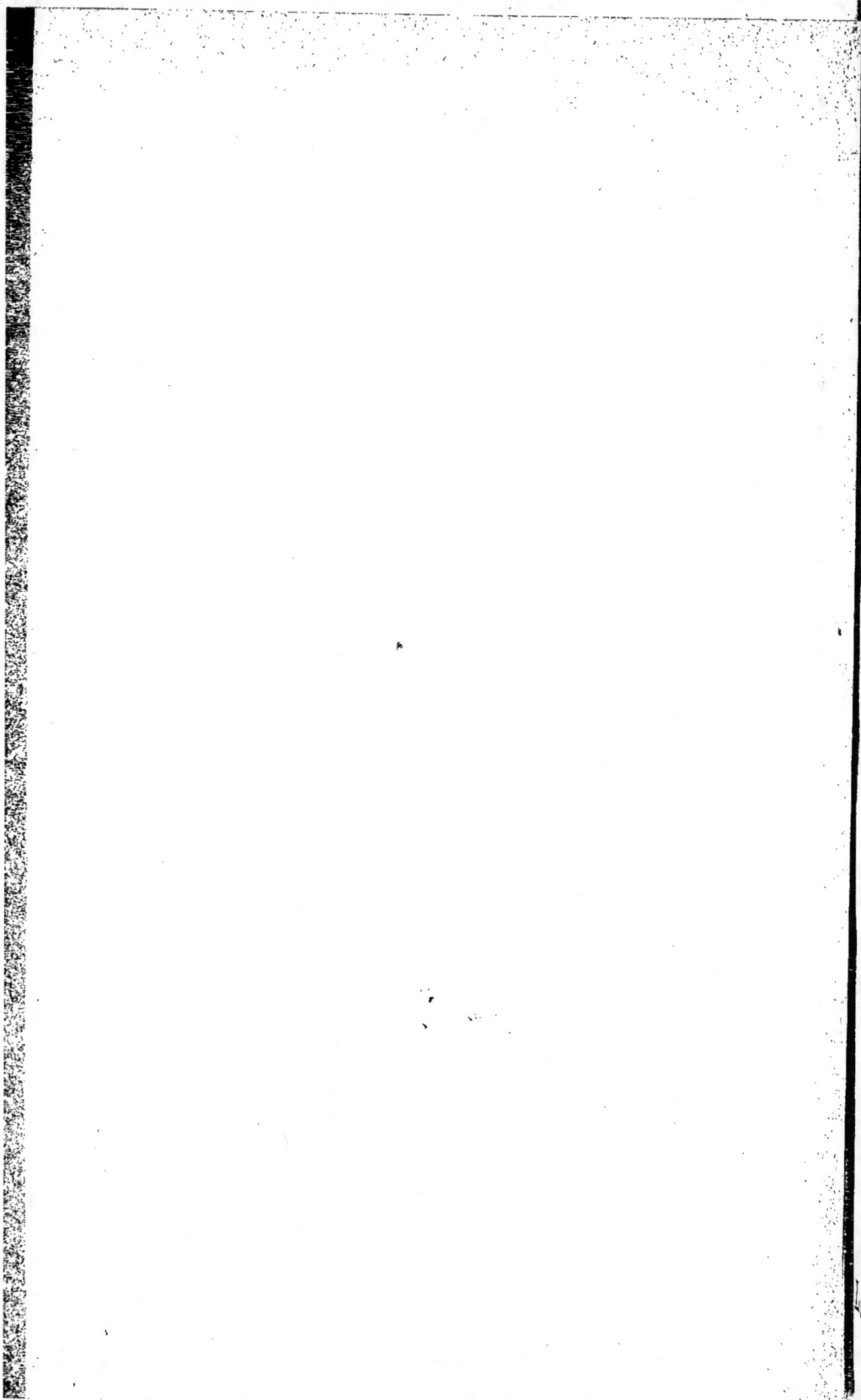

ÉLOGE FUNÈBRE

DU

R. P. PIERRE BOYER

SUPÉRIEUR DES OBLATS DU SACRÉ-CŒUR DE JÉSUS

ET DU

CŒUR IMMACULÉ DE MARIE

Prononcé dans l'Église de Pontigny

LE 26 AVRIL 1892

PAR LE R. P. L.-F. MASSÉ

DE LA MÊME SOCIÉTÉ

AUXERRE

IMPRIMERIE OCTAVE CHAMBON, 8, RUE DU COLLÈGE

1892

Éloge Funèbre

DU

R. P. PIERRE BOYER

Suscitabo mihi sacerdotem fidelem
qui juxta cor meum faciet.
Je me susciterai un prêtre fidèle
qui agira toujours selon mon cœur.
(i Rois, ch. ii, v. 35.)

Mes chers Frères,

Dieu s'est suscité, dans notre temps et dans notre
pays, deux hommes qui ont laissé derrière eux les
vestiges lumineux des justes. Ce n'est pas le sillon de
la gloire que le temps efface, c'est le sillon de la sainteté
que le temps consacre.

Nés presque dans le même temps, dans la même contrée, ils ont brillé comme deux astres jumeaux sur
notre diocèse, hélas ! trop déshérité de la lumière et de
la vie chrétiennes. Ce n'est pas qu'ils aient marqué leur
place parmi les illustrations contemporaines. Non, ils
sont de ceux dont l'Apôtre disait : *Non multi sapientes,*
non multi potentes, non multi nobiles (1). Dans cette
pléiade de génies qui ont brillé au firmament de l'Église

(1) I Cor., i, 26.

du dix-neuvième siècle, ils n'apparaissent que comme des nébuleuses ; mais ces nébuleuses, l'amour et le zèle qui en est la flamme, les ont faites soleils pour les âmes qui ont vécu sous leur influence bénie.

Notre humble communauté a eu l'insigne privilège d'avoir pour Supérieurs, pendant sa vie d'un demi-siècle, ces deux hommes, qui resteront comme les deux pierres angulaires de notre Maison de Pontigny : le vénéré P. MUARD, mort il y a 38 ans, et le R. P. BOYER qui vient de mourir au milieu de nous, en odeur de sainteté : noms très chers, que je ne puis prononcer, sans que mon cœur filial s'émeuve au dedans de moi-même.

Il y a 38 ans, dans cette même enceinte, au milieu d'une immense assemblée remuée par une émotion profonde, j'avais le douloureux honneur de prononcer l'éloge funèbre de l'héroïque serviteur de Dieu, le vénéré P. Muard. Depuis, le temps a marché. Au triomphe qui accompagnait ses obsèques et à la faveur qui entourait ses disciples, la persécution a succédé. Les portes du monastère qu'il avait bâti dans les solitudes de la Pierre-qui-Vire, et où repose son corps, ont été brisées par l'impiété ; ses fils ont dû laisser leurs cellules et leurs morts et prendre en pleurant le chemin de l'exil. Mais ni le temps ni la persécution n'ont obscurci la mémoire du P. Muard ; ils l'ont fait briller d'un éclat qui grandit toujours.

Trente-huit ans ont suffi pour ces gloires et pour ces ruines, et voilà qu'aujourd'hui je reparais dans cette chaire, avec des cheveux qui ont blanchi, mais avec un cœur qui n'a pas vieilli, pour payer devant vous le tribut de notre reconnaissance et de nos louanges au second de ces héros de la charité, qui vient de disparaître à son tour, avec tous les signes de la prédestination.

Ces deux hommes, si semblables par l'amour et par

les flammes du prosélytisme, avaient une physionomie bien distincte. Le P. Muard, dans les transports d'une ardeur séraphique, ne rêvait que rochers, forêts profondes, solitudes sauvages, pour y cacher ses austérités et ses contemplations ; il lui fallait les grottes de Subiaco et les forêts de l'Alverne et du Morvan. C'est de cette retraite qu'il voulait sortir, exténué de macérations, mais embrasé de prière, pour réveiller de leur léthargie les pauvres populations ensevelies dans l'indifférence et l'oubli des biens éternels. Ce dessein généreux, il l'a réalisé et il est mort héroïquement à la tâche. Et s'il est vrai de dire que c'est l'amour qui donne les places au ciel et qui les différencie, assurément le P. Muard est haut placé dans les splendeurs du Paradis. Cependant, oserais-je le dire, son frère de Religion et d'apostolat, le P. Boyer, son généreux émule en sainteté, me paraît digne d'être placé avec lui sur les autels.

S'il y avait, dans la physionomie du premier, du Benoît et du François d'Assise ; dans la figure et l'attitude du second, il y avait un admirable mélange de la régularité militaire d'Ignace de Loyola et de l'aimable mansuétude de François de Sales. Il portait partout dans sa vie religieuse et dans sa vie d'apôtre, la gravité militante de l'un et la bonté communicative de l'autre.

Le premier est mort comme il convenait à un homme qui avait toujours rêvé le martyre, au milieu des tortures d'une cruelle maladie ; le second, dans la sérénité d'un courage invincible et d'une santé inaltérable, semble n'avoir point porté le fardeau des années, et il vient de mourir calme et sans douleur, à quatre-vingts ans, couronné de l'auréole des saints. Qui n'a admiré cette rayonnante vieillesse, dont les racines ne tenaient plus à la terre, et qui se couvrait pourtant des fleurs de la jeunesse et des fruits de la maturité ?

O Père et ami ! J'étais donc encore destiné à raconter

vos louanges dans l'assemblée des fidèles! Je n'ai qu'un seul titre à ce pesant honneur, c'est d'avoir vécu avec vous dans la plus profonde intimité ; pendant quarante-cinq ans nous avons marché ensemble, sans un nuage, dans l'heur et le malheur, en nous tenant par le cœur et par la main.

Les leçons qui doivent ressortir de cette belle vie et de cette sainte mort, me semblent renfermées dans les paroles de l'Esprit-Saint que j'ai placées en tête de ce discours : *Je me susciterai un prêtre fidèle qui agira toujours selon mon cœur*. Nous verrons comment Dieu s'est suscité le R. P. Boyer, comment il en a fait son prêtre par excellence, et comment ce saint prêtre a toujours agi selon le cœur de Dieu. Ces trois grandes paroles suffiront à la louange du très pieux, très bon, très fidèle Pierre Boyer, Supérieur des Pères de Pontigny, des Sœurs de la Providence, Vicaire Général, Missionnaire apostolique.

I

Suscitabo mihi...

Lorsque Dieu veut se susciter un homme, il s'y prend de bonne heure, il s'y prend de toute éternité : *In charitate perpetuâ dilexi te* (1). En créant ce prédestiné de son amour, il ne mit pas seulement dans son cœur, comme dit Bossuet, la bonté dans une large part, il y joignit des dons admirables qui se trouvent rarement réunis ensemble, la droiture, la simplicité, le jugement, la noblesse, la sagesse, la générosité, toutes les piétés divines et humaines ; et, de toutes ces qualités natives et maîtresses, il pétrit cette sublime argile qu'on appelle une âme bonne, pour s'en faire un vase d'honneur et d'élection.

A cette âme magnifiquement douée, il façonne avec amour une demeure digne d'elle. Il la loge dans un corps gracieux et sain, dont la physionomie fine, délicatement colorée, l'œil plein de lumière, reflèteront la beauté de l'âme qui l'habite. Cette grande œuvre achevée, Dieu va la couronner d'honneur et de gloire par le baptême, et l'eau sainte, en l'arrosant jusque dans ses profondeurs, y fécondera les germes de tous les dévouements.

C'est ainsi que Dieu s'est suscité le futur apôtre qui

(1) Jérém., xxxi, 3.

reçut au baptême le nom prédestiné de Pierre. Le voilà qui sort des fontaines sacrées, avec une âme et un corps parfaitement harmonisés, — *mens sana in corpore sano,* ou plutôt *mens sancta in corpore sancto,* — lesquels marcheront ensemble dans un harmonieux équilibre, sans qu'aucune infirmité vienne les troubler, et dans une vigueur qui semblera une éternelle jeunesse.

Dieu continue son dessein, et pour accueillir au seuil de la vie son prédestiné, il lui prépare un foyer patriarcal, et le don inestimable d'un père et d'une mère profondément chrétiens. Parmi les grâces dont il remerciera spécialement la bonté divine dans son testament, il placera en première ligne *la grâce d'être né de parents chrétiens, animés d'une foi vive et d'une piété sincère.* Son premier bonheur fut donc d'avoir été porté dans les entrailles d'une sainte mère et formé à la piété sur ses genoux. Il racontait qu'étant encore tout petit enfant, et passant avec sa mère près d'un homme qui blasphémait, elle lui avait appris à dire avec amour : *Mon Jésus, miséricorde !* Il n'avait jamais manqué, ajoutait-il, à cette pratique, en entendant un blasphème.

Mais, par une libéralité plus rare encore de la Providence, son père, qui fut aussi son maître, était un grand chrétien. Il exerçait une humble et auguste fonction qu'on regardait alors comme un sacerdoce, la fonction d'instituteur des enfants du peuple. Ce fut un habile maître, et son nom fut souvent gravé sur les médailles d'honneur accordées par l'Université aux maîtres de ce temps-là.

Il appartenait à la lignée de ces anciens instituteurs, qu'on voyait passer dans les rues avec leur grand air sacerdotal, et que chacun saluait du nom vénéré de *Monsieur le Maître.* Profond était autrefois le respect des disciples de Socrate et de Platon, qui, pour terminer toutes les discussions, n'avaient qu'un oracle à la bouche : *Le Maître l'a dit*. Plus religieux encore était le respect des enfants chrétiens, qui entendaient leurs maîtres à l'école leur parler de Dieu comme des prêtres, et les voyaient à l'église toujours à leur tête, priant et chantant avec eux les louanges de Dieu. Donner Dieu avec la science et la vérité à l'enfant, c'est la fonction de tout maître, c'est surtout la fonction sacrée du père de famille. Mais pour donner Dieu qui renferme seul tout bien, il faut le posséder soi-même, il faut le connaître, l'aimer et le servir, comme l'aimait et le servait le vénérable instituteur de Noyers. Aussi exerça-t-il sur son fils une action qui retentit dans toute sa vie, et qui ne fut pas étrangère à sa vocation sacerdotale ; n'était-ce pas pour ce dessein que Dieu l'avait suscité ? Il cultivait le cœur et l'esprit du jeune Pierre avec la tendresse d'un père, l'autorité d'un maître, la dignité d'un prêtre ; et, sous cette triple influence, le fils si heureusement doué s'imbibait, presque à son insu, de cette foi profonde, de cette piété tendre, de ce zèle apostolique qui continueront de se développer dans les pépinières sacerdotales, et qui rempliront sa vie tout entière.

Le jeune Pierre venait de terminer sa douzième année, et le jour où le Dieu qu'on lui avait appris à aimer si tendrement, viendrait le visiter pour la première fois, allait se lever pour lui. Il porta au saint banquet la joie de sa jeunesse, la joie de l'innocence baptismale conservée, avec la joie des anges descendus pour le visiter. L'onction de ce jour demeura sur son front désormais marqué pour le sacerdoce ; aucune tache n'interceptait les rayons de ce soleil divin, qui allèrent jusque dans les profondeurs de sa jeune âme éclairer et échauffer les germes de sa vocation, et il ne lui arrivera pas un jour, pas une heure dans sa vie, d'en douter ou d'hésiter à la suivre.

Sa seconde Communion fut le reflet fidèle et puissant

de la première. Il n'oublia jamais, et il aimait à redire le texte de l'exhortation qui lui fut alors adressée : *Iterum videbo vos, et gaudebit cor vestrum, et gaudium vestrum nemo tollet a vobis.* — *Je vous verrai une seconde fois, et votre cœur se réjouira, et personne ne pourra vous ravir votre joie...* (1) Cette douce parole appliquée au jeune communiant, prophétisait son avenir. Pendant les soixante-huit ans qui suivirent ce beau jour, pas un moment la joie de se sentir à Dieu ne lui a été ravie.

Jusque-là tout avait été fête dans la famille ; Pierre avait grandi entre ses deux sœurs, sous les ailes bénies de ses parents, sans qu'un nuage eût attristé leur bonheur. Cependant le père comprenait que les leçons de l'école primaire ne suffisaient plus à son fils. Les premières études de latin furent donc commencées au Collège jadis célèbre de la petite ville ; mais le père vigilant ne tarda pas à se convaincre que le lis qu'il cultivait avec tant d'amour, perdrait sa fraîcheur dans une atmosphère trop lourde et déjà malsaine.

Par une attention providentielle, une de ces pépinières qu'on appelle Petits Séminaires, venait de se fonder à Auxerre, et semblait s'ouvrir tout exprès pour recevoir la jeune fleur que Dieu *se suscitait.*

Le jour de la séparation était donc venu ; c'était la première nouvelle que la vie est un exil. Il suffit de rappeler nos souvenirs d'enfance, pour sentir, même après cinquante ans, combien est douloureux ce premier départ, combien amère, cette nostalgie du pays natal, plus pénible encore à l'enfant qui a toujours vécu dans le grand air et la liberté des champs. Mais cet exil voulu de Dieu, était adouci pour ces parents chrétiens, par la certitude que leur fils bien-aimé allait retrouver leur cœur et leur piété, d'autres eux-mêmes, dans les prêtres dévoués auxquels ils le confiaient.

(1) S. Jean, xvi, 22.

Ceux qui n'ont point, comme nous, passé leur adolescence dans un Petit Séminaire, ne soupçonneront jamais ce qu'il y a de bon, de paternel, de religieusement dévoué dans l'éducation qu'on y reçoit. Je le dirai, sans vouloir porter ombrage aux parents chrétiens, cette douce pépinière devient pour l'adolescent une terre meilleure et plus fertile que le sol même de la famille, où les sucs sont moins riches et moins féconds, où l'atmosphère est plus amollissante, moins favorable à ces plantes vierges et vigoureuses.

Tel était, à sa naissance, le Petit Séminaire d'Auxerre, destiné à former tant d'esprits distingués, tant d'âmes sacerdotales qui ont honoré l'Eglise.

O cher Petit Séminaire d'Auxerre ! Je ne puis vous nommer, sans que le meilleur de mon sang tressaille dans mes veines ! Asile béni où a grandi le jeune Boyer, où j'ai grandi moi-même après lui, où des maîtres aussi pieux que savants nous ont appris, avec les sciences et les lettres humaines, l'amour de toutes les saintes choses, c'est à vous que je dois, après Dieu et ma famille, l'honneur de ma vie, mon bonheur du temps, et que je devrai, je l'espère, celui de l'éternité. Lorsque je passe à côté de vos ruines inutiles, faites par des Vandales, qui ont blessé la cité auxerroise dans tous ses intérêts, sans autre profit que celui de satisfaire la haine de quelque sectaire fanatique, mes yeux se mouillent de larmes. Ruines sacrées qui allez bientôt disparaître, je vous salue ! et tandis qu'il en est temps encore, recevez le salut suprême que le R. P. Boyer vous envoie par ma bouche, du fond de son tombeau.

Le jeune Pierre avait quatorze ans, lorsque Dieu le conduisit comme par la main dans la sainte école, où il allait commencer plus sérieusement son apprentissage sacerdotal, et sembla lui dire par l'Esprit-Saint : « Ecoutez-moi, germe divin ! soyez comme les roses plantées le long des eaux ; produisez, comme l'encens, une odeur de suavité qui plus tard réjouira l'Église ; fleurissez comme le lis, portez des rameaux de grâce ! (1) »

Le premier jour où Pierre Boyer apparut dans la cour de récréation, il étonna ses condisciples, d'abord par l'exiguïté de sa taille délicate, par son entrain et son habileté extraordinaire au jeu. Bientôt il les étonna davantage encore par son ardeur au travail et son aimable piété qui lui donnait un air angélique. Dès son entrée en classe, il se montra le travailleur qu'on a connu jusqu'à ses derniers instants. Appliqué, ce n'est pas assez dire, acharné aux labeurs de l'écolier, il faisait l'admiration de ses maîtres. En peu de temps, il fut acclimaté dans ce nouveau pays des études sérieuses et de la vraie piété, qui n'offrait pourtant pas alors les ressources qu'il présenta plus tard. Pendant la première année, il dut, avec ses condisciples, fréquenter les classes du Collège et prendre les leçons de maîtres séculiers, mais dignes et chrétiens. Il eut bientôt, sur cinquante élèves, conquis la seconde place ; il semblait n'avoir été envoyé là que pour être l'exemple des étudiants, et comme l'apôtre du travail, de la discipline et de la piété.

Mais son véritable terrain, c'était le Petit Séminaire. Aussi fut-il heureux de ne plus devoir en sortir pour aller chercher la science ailleurs. Il concentra là tout son cœur et, en promenant ses regards autour de lui, il eut bientôt reconnu, comme par un attrait divin, les plus fervents et les plus généreux de ses condisciples. Le premier qu'il discerna parmi eux, fut le jeune Muard, qui devint son plus intime ami. Organisant aussitôt une association de zèle, il enrôla les élèves les plus édifiants, se mit à leur tête, et traça d'une main ferme et résolue

(1) Eccl., xxxix, 17.

les linéaments d'une règle que nous possédons encore, écrite par lui et où il détermine le petit office et la communion à certains jours, quelques prières spéciales, des réunions, des rencontres dans les récréations pour parler de Dieu, du sacerdoce, de l'Église, des âmes... Cette charte de véritable apostolat débute par la parole célèbre que Saint Bernard s'adressait à Citeaux : « Pourquoi êtes-vous venus ici?... » Et il continue : « Ah ! sans doute, ce n'est pas pour nous livrer à la dissipation et abuser des grâces !... Non, c'est l'amour de la vertu, c'est le zèle de la gloire de Dieu qui nous ont amenés dans cet asile, et nous n'avons eu, en y entrant, d'autre pensée que celle de nous sanctifier et de nous préparer dignement au grand ministère, auquel Dieu semble nous appeler... » Entendez-vous l'apôtre de quinze ans, inaugurant les œuvres de zèle qui rempliront sa vie ; reconnaissez-vous l'accent qui était encore sur ses lèvres agonisantes ?...

Il ne se contentait pas de paroles ; il payait d'exemple et il s'essayait déjà à la mortification, qui lui fut habituelle. Délicat pour la nourriture, il recevait de sa famille les petites provisions qu'on savait lui être agréables, afin de suppléer à certains mets usuels, pour lesquels il éprouva toute sa vie une invincible répugnance. Bientôt il les refusa et déclara qu'à l'avenir il mangerait son pain sec, comme un petit pauvre à la porte du Bon Dieu.

Bref, le plus distingué de ses condisciples, qui a été pendant quarante ans professeur ou Supérieur du Petit Séminaire, affirme, et il ne peut, sans pleurer, rappeler ces souvenirs d'enfance, qu'il n'a jamais connu d'élève plus exemplaire et plus admirable que le jeune Boyer.

Tandis que ces laborieux adolescents redoublaient d'efforts pour conquérir les prix qui allaient couronner l'année scolaire de 1830, tout à coup la Révolution de Juillet éclata comme un coup de foudre au milieu d'un ciel serein. Autour de la studieuse demeure l'orage grondait ; à chaque heure des émissaires bienveillants apportaient des nouvelles plus alarmantes ; des menaces de mort et d'incendie se faisaient entendre. Né dans cette contrée auxerroise, nous connaissons le pays qui nous a porté dans ses entrailles. Jamais les Auxerrois, peuple ardent, généreux, facile à soulever, mais bienfaisant, n'auraient poursuivi de leurs mauvais traitements des étudiants inoffensifs. Quel mal pouvaient-ils vouloir à des adolescents qui n'avaient de haine contre personne, et qui ne connaissaient d'autre politique que le devoir ! Mais tout peuple se termine par une populace altérée de désordre et prompte à saisir une heure de révolte pour se livrer à tous les excès. Cette lie du peuple fermentait, et tandis que nos jeunes gens traversaient le pont d'Auxerre, pour se rendre dans leurs familles, les plus exaltés menaçaient de les précipiter dans la rivière.

L'orage passa et ne fit tomber que les fruits véreux. Il ébranla pourtant quelques bonnes vocations, en montrant aux faibles effrayés un avenir chargé de persécution, mais il ne fit que consolider les forts. Le jeune Boyer, en rentrant dans ses foyers au milieu de cette effervescence impie, déclara à ses parents qu'il serait prêtre, et que rien sur la terre ne saurait l'en empêcher. « Oui, s'écriait-il, je serai prêtre, et fallût-il quitter la France et aller jusqu'au bout du monde chercher l'onction sacerdotale, j'irai. » Ce fut dans cette ferveur toujours croissante qu'il termina ses études classiques, et se prépara à la dernière probation qui devait achever en lui l'initiation au sacerdoce. Le 2 octobre 1832, il frappait à la porte du Grand Séminaire de Sens.

On sait ce que sont ces belles écoles de la science sacrée, instituées par le Concile de Trente, au lendemain du protestantisme, pour offrir au jeune homme de bonne volonté la discipline d'une règle sainte qui le défende contre la liberté de son propre cœur. Ce sont ces grandes écoles, devenues le vestibule du Sanctuaire, qui, depuis trois siècles, ont soutenu l'Eglise contre l'effort et l'espérance de ses ennemis, et ont produit ce magnifique Clergé français qui, malgré des défaillances, est resté le plus illustre du monde.

En voyant le jeune Boyer franchir le seuil du Grand Séminaire, un condisciple, qui venait de partager avec lui tous les prix, s'écria avec une émotion peut-être exagérée, mais sincère : « *Attollite portas, principes, vestras... et introibit rex gloriæ.* » — « Princes de l'Eglise de Sens, ouvrez vos portes ; celui qui sera un jour votre honneur, le premier parmi les vôtres par la sainteté et le dévouement de sa vie, *rex gloriæ,* va entrer (1). » Cette prophétie n'est-elle pas devenue une réalité ?

Une atmosphère nouvelle plus élevée, plus ouverte vers le ciel, répondait à toutes les aspirations du nouveau théologien. Des effluves d'en haut semblaient le visiter, et des études plus conformes à ses goûts stimulaient encore son ardeur naturelle au travail. En tête de ses cahiers, il avait écrit de sa main ces deux vers qui exprimaient tout son cœur :

> *Tot, Jesu, laudes tibi sint, quot grammata scribo.*
> *O Virgo! studiis semper adesto meis!*

O Jésus ! que tous les mots que je trace soient autant de louanges pour vous ! — O Vierge Marie ! soyez toujours présente et propice à mes études !

Il avait été accueilli avec prédilection par le Supérieur, M. Bidault, de pieuse mémoire, l'ami de sa famille. Ce maître distingué se plaisait à lui donner des leçons d'éloquence sacrée, faisait la critique de ses pre-

(1) Psaume xxiii, 7, 9.

miers discours et le préparait tendrement comme un futur apôtre. Du reste, le jeune Boyer eut bientôt conquis la confiance et l'affection des maîtres et des élèves : il était, comme au Petit Séminaire, le modèle accompli de ses condisciples, et tous les postes d'honneur et de surveillance lui étaient donnés.

Le temps coulait avec rapidité dans cette vie grave, régulière et si bien ordonnée que nous avons connue. Chaque année nouvelle, chaque phase d'étude avait pour couronnement une ordination, et Dieu seul sait avec quelles admirables dispositions l'heureux ordinand s'y préparait. Le jeune Muard était là pour attiser encore son courage et faire miroiter à ses yeux la perspective ardente des Missions étrangères. Pendant les vacances, il le visitait souvent pour enflammer son zèle, et la famille du jeune Boyer, qui chérissait l'abbé Muard, le redoutait plus encore : « Ah ! disaient les parents et les amis, il va *pervertir* notre cher abbé, et nous l'emmener dans les Missions étrangères. » Les deux amis devaient se retrouver un jour dans nos Missions diocésaines, où leur zèle ne fut pas moins fécond qu'il ne l'eût été en Chine ou au Japon.

Cependant le jour des engagements irrévocables allait se lever : l'abbé Boyer était appelé au sous-diaconat. Il s'empressa de l'annoncer en termes émus et débordants de bonheur à son bien-aimé père, le Mentor de son enfance, et à sa famille ; il leur déclara que c'était la réalisation du rêve de toute sa vie, et qu'il goûtait la joie d'un grand but pleinement atteint. Il demandait aussi le pardon des fautes de sa jeunesse, et enfin une bénédiction qui couvrît toute cette première partie de son existence. Désormais ce serait lui qui bénirait ceux qui l'avaient si souvent béni. Il reçut de son père une lettre admirable, qu'il mouilla d'abondantes larmes, qu'il conserva comme une relique, et que cinquante ans après, au jour de ses noces d'or, il lisait dans la chaire de son pays natal. « Ah ! cher enfant, si j'avais la douleur de te voir infidèle, le sacrifice de ma vie ne me coûterait rien... » Non, père vénéré, un tel fils ne vous donnera pas une telle douleur ; il sera la joie et l'éternel honneur de votre famille, et il est en ce moment votre récompense au Ciel.

Appelé par Dieu, l'abbé Boyer avait répondu avec une allégresse et une certitude qui ne lui laissaient aucun doute sur sa vocation, mais il fallait se rendre de plus en plus digne d'un ministère redoutable aux anges. Aussi chacun des jours qui le séparaient encore du terme désiré, fut-il marqué par des progrès nouveaux, et enfin le 27 février 1836, Pierre Boyer reçut l'onction sacerdo- dotale.

La première fois que Dieu le contempla à l'autel, le front rayonnant, le cœur en fusion, « il vit, comme après chaque grande création, que c'était bien ». *Et vidit quod esset bonum* (1). Ce n'était pas en vain qu'il avait dé- pensé tant d'amour ; il s'était suscité un prêtre fidèle.

_____

(1) Gen., 1.

II

Sacerdotem fidelem !

Prêtre fidèle ! c'est-à-dire saint prêtre ! Quel autre nom, mes Frères, donner à celui qui est l'objet de nos prières et de nos louanges ? Quelle autre couronne poser sur ce front qui en a porté plusieurs et qui porte maintenant celle du ciel ? Il fut prêtre, prêtre jusque dans la moelle du cœur et des os, un saint prêtre. Ce grand nom est le seul qui lui convienne, qui résume sa vie, qui en explique la variété, en forme l'unité ; c'est le nom qui rayonnera sur sa mémoire, tant qu'elle vivra parmi les hommes.

Prêtre fidèle ! Il a touché à tout dans les choses de Dieu, et tout ce qu'il a touché, il l'a vivifié. Son unique paroisse, il l'a renouvelée ; les ruines de Pontigny, il les a restaurées ; les œuvres commencées, il les a achevées ; les languissantes, il les a ranimées ; les âmes, il les a sauvées.

Prêtre fidèle ! Un poste de confiance, mais bien négligé, lui fut donné malgré son âge et son inexpérience. Les sentiments de l'homme, dit l'Esprit-Saint, lui tiennent lieu de cheveux blancs. *Cani autem sunt sensus hominis* (1). Lorsqu'il alla prendre possession de la paroisse de Pourrain, qui lui resta à jamais chère, il fut accueilli

(1) Sag., IV, 8.

avec transport. Il venait de célébrer sa Première Messe
dans sa ville natale, au milieu de la population en fête,
qui l'avait reçu comme un pontife. L'accueil de Pourrain ne fut pas moins doux à son âme de pasteur.
N'y avait-il pas là des âmes inconnues qui attendaient
la sienne, et qui étaient écrites au livre d'une mutuelle
prédestination ?

Des âmes ! Ce mot-là a toujours fait vibrer son cœur,
jusqu'au dernier soupir. Sa foi vive lui avait montré la
beauté invisible de ces âmes créées à l'image de Dieu,
et destinées à le posséder pendant l'éternité. Faire du
bien aux âmes, les purifier, les sanctifier, c'était sa
passion et sa vie. A l'heure de son agonie, je lui deman-
dais de vivre encore ; il me répondit : « Si Dieu le veut,
je serai bien content de lui sauver encore des âmes. »

Il sentait le prix de cet empire que Dieu lui confiait, où il
allait trouver des âmes à guérir, à bénir, à diriger dans
les voies éternelles. Les rois de la terre reçoivent des
royaumes, ils ne reçoivent pas des âmes ; le nouveau
pasteur n'aurait pas échangé avec eux son empire de
pauvre petit curé de Pourrain. Lorsqu'il en regardait les
toits et les champs du haut de la colline, où était assis
son presbytère, il s'exhalait en prières et en reconnaissance d'avoir été jugé digne de parler de Dieu à des
âmes. La première fois qu'il parut en chaire, il s'écria
dans l'effusion de son cœur, qu'il apportait à sa paroisse toute son âme, qu'elle serait désormais la portion
de son héritage, sa famille bien aimée. O beau jour
des fiançailles sacerdotales ! Heureux le prêtre qui,
comme le P. Boyer, vous a connu : son ministère ne
saurait rester stérile.

Prêtre fidèle ! Lorsqu'il arriva à Pourrain, il trouva
ce champ du Seigneur mal cultivé. Le malheur des
temps avait tari les vocations ; les pasteurs, tués ou
exilés, depuis longtemps manquaient aux troupeaux.

Un homme de bien, mais de nationalité étrangère, et dont on comprenait à peine le langage, n'avait pu instruire et exhorter. Le champ était donc en friche ; mais sous la rosée de la parole du nouveau pasteur, et sous les ardeurs de son zèle, on vit bientôt tout reverdir. Dès son arrivée, le charme de sa personne, la noble modestie de son maintien, son éloquence simple et chaude avaient captivé son peuple.

Prêtre fidèle! Ce n'est pas seulement l'homme du devoir. Eh quoi! y a-t-il donc quelque chose sur la terre de plus beau que le devoir, cet austère compagnon de l'homme, qui ne transige jamais avec le mal et l'iniquité? Oui, l'amour est plus beau que le devoir. L'amour a des ailes, il vole, il fait cent fois plus que le devoir ; le devoir a des pieds, il marche par terre dans les chemins du précepte. L'idéal du père, l'idéal de la mère, l'idéal du fils et de la fille, est-ce que c'est le devoir? Est-ce que la mère et le père ne font pas plus qu'ils ne doivent pour des enfants, qui souvent les paient d'ingratitude? Est-ce que l'idéal du prêtre fidèle, c'est le devoir? Non, mille fois non, ce n'était pas l'idéal du jeune pasteur de Pourrain, que l'on rencontrait partout où il y avait une souffrance, une détresse, une faiblesse. Il visitait les hameaux, les malades, les pauvres et les vieillards ; il prêchait, il instruisait, il dirigeait. C'est à lui que plusieurs communautés ont dû leurs religieuses les plus ferventes, et le Sanctuaire ses prêtres les plus zélés. Mon cœur a besoin de nommer le saint Mgr Rouger, le plus remarquable et le plus cher de ses disciples.

Ces belles instructions qui nous restent encore, jaunies par le temps, avec la date et le nom aimés de Pourrain, il les écrivait alors, se préparant ainsi une moisson qui l'a nourri plus tard et qui ne s'est jamais séchée. C'est l'amour aussi qui fait l'orateur ; les saints sont toujours éloquents. Le P. Boyer l'a toujours été, même dans sa vieillesse et malgré ses multiples fonctions.

Le renom de son éloquence et de son mérite avait dépassé les limites de sa paroisse, trop étroite pour sa passion d'apostolat. Il évangélisait les paroisses voisines, et, dans les grandes circonstances, il prêchait à la Cathédrale d'Auxerre des discours écrits avec soin, mais où l'on sentait pardessus tout la flamme du missionnaire. Son peuple était fier de ses succès, et un cercle choisi d'âmes intelligentes et cultivées réclamait la lecture en famille du beau discours de la Ville. Le pasteur se prêtait de bonne grâce à ce désir : il y trouvait un double profit pour les âmes et pour les corps, car il ne se retirait pas sans avoir prélevé en souriant le tribut de ses pauvres.

Ainsi s'écoulèrent les dix premières années de son sacerdoce, dans une humble campagne, où il a fait un bien immense et laissé des souvenirs ineffaçables. Après un demi-siècle, son nom y est toujours prononcé avec amour, et le dernier et fidèle héritier de son zèle recueille encore aujourd'hui les fruits de ses travaux.

Cependant le *prêtre fidèle* portait au cœur la flamme de l'apôtre, flamme dévorante qui n'attendait que l'heure de Dieu. Cette heure avait tardé à sonner. La pénurie des prêtres, l'absence de toute maison de missionnaires dans nos contrées n'avait pas permis au P. Boyer de suivre son attrait. Sa vocation dormait donc au fond de son cœur, lorsqu'elle fut suscitée par un événement providentiel. Sa jeune sœur venait souvent le visiter, mais sans lui dévoiler un secret fidèlement gardé entre elle et Dieu. Pendant la Première Messe de son frère, elle avait fait à Notre-Seigneur la promesse de quitter sa famille et le monde pour embrasser la vie religieuse. Toutes les fois qu'elle arrivait joyeuse et riante à Pourrain, c'était fête au presbytère. Mais un jour elle se présenta avec un air plus grave et une émotion plus contenue : elle venait annoncer la grande nouvelle, qui attendrit profondément son frère. Il ne comprit pas d'abord l'avertissement que Dieu lui envoyait. Il en reçut seulement l'intime révélation, le jour où, invité à prononcer le discours de Profession, il dut étudier à fond les privilèges et les grandeurs de la vie religieuse. C'était là que la grâce l'attendait. Comme il avait coutume de s'appliquer d'abord les exhortations qu'il adressait aux autres, et de ne conseiller jamais une perfection qu'il ne pratiquât lui-même, il se trouva pris dans ses propres filets.

Dieu éveilla en lui un ardent désir de la vie parfaite, et lui montra sa voie avec tant de clarté que la pensée ne lui vint même pas de résister. Il avait trente-quatre ans, il était dans la force de son âge et de son talent. Son ami, le P. Muard, après mille tentatives infructueuses pour partir dans les Missions étrangères, venait enfin de relever les ruines de la célèbre abbaye de Pontigny et d'y établir une communauté de Missionnaires. Dieu lui montra du doigt ce chemin qui s'ouvrait à lui. Comme il n'avait jamais dit non, à Dieu lui demandant un sacrifice, il rompit courageusement les liens les plus doux, ceux d'une famille tendrement aimée, les liens les plus sacrés, ceux des âmes qu'il conduisait à la perfection et d'une paroisse dont il était l'oracle.

Prêtre fidèle! Il partit et arriva à Pontigny, le 20 octobre 1846. Il y avait trois ans que le P. Muard y dirigeait l'humble communauté, qui était encore à son berceau. Les deux amis se rencontrèrent avec joie dans les embrassements des mêmes aspirations, et le nouveau venu prit, sans le vouloir, au milieu de ses confrères plus jeunes que lui, la place qui lui était destinée, la première, qu'il garda toujours.

La joie de la réunion ne fut pas de longue durée.

Bientôt le P. Muard confia à son nouveau compagnon d'apostolat le grand dessein qu'il méditait : les grottes de Subiaco et les rochers du Morvan l'appelaient. Il voulait faire revivre les austérités primitives des anciens monastères, leur bure, leur jeûne, leur silence éternel et leurs macérations, pour combattre le sensualisme qui dévorait la France. « J'ai demandé à Dieu, lui dit-il, qu'il vous envoyât ici comme un signe certain de ma vocation. Vous voilà ; Dieu vous a envoyé à moi, vous, mon ami de toujours ; je me charge de vous faire accepter comme Supérieur et comme continuateur de mon œuvre par tous nos confrères. Vous êtes un meilleur organisateur que moi : vous restaurerez les ruines de cette magnifique église ; vous achèverez, beaucoup mieux que je ne pourrais le faire moi-même, l'entreprise que j'ai commencée par la volonté de Dieu, et qui ne doit pas périr. Maintenant, Seigneur, vous pouvez me laisser partir en paix. »

Le P. Royer accueillit cette confidence avec d'abondantes larmes ; et en présence d'un avenir chargé de tant d'incertitudes et de responsabilités, il répondit en pleurant : « Vous avez laborieusement enfanté cette belle œuvre, et vous avez béni son berceau ; et moi, hélas ! je suis peut-être destiné à lui donner la. sépulture et à pleurer sur son tombeau...» — « Non, Père vénéré, vous avez toujours donné la vie à tout ce que vous avez touché, vous ne donnerez pas la mort à l'œuvre qui restera la plus belle de vos créations. »

Sur ces entrefaites, la Révolution de 1848 éclata et, en remuant pour la troisième fois le sol de la France, vint ajouter encore aux ébranlements du présent et aux inquiétudes de l'avenir. Le *prêtre fidèle* ne pouvait refuser à Dieu ce nouveau témoignage de son dévouement et de son abandon. Il prit d'une main calme et ferme les rênes qui lui étaient remises avec l'intention arrêtée d'achever l'œuvre divine et de l'établir sur les larges bases de la Vie Religieuse. Afin de se confirmer dans ce dessein, il alla à Flavigny chercher lumière et conseil auprès du célèbre P. Jandel, qui avait participé à la restauration en France de l'Ordre Dominicain.

Peu après, en 1849, il se rendit seul à Bourges pour y passer huit jours dans le silence d'une Maison religieuse, dans la prière, la méditation, et ensuite, à la lumière de Dieu, fixer pour jamais son avenir. Le 16 juin, lendemain de la fête du Sacré-Cœur, il fit d'abord pour lui-même les trois vœux de Religion. Il en ajouta deux autres : le premier fut un engagement de stabilité, par lequel il s'attachait à ce sol sacré de l'abbaye de Pontigny, « afin de s'enlever, disait-il, toute pensée qui le porterait ailleurs et lui ôterait le calme et la paix, dont il avait besoin pour s'occuper des intérêts spirituels et temporels de la communauté, et contribuer à l'accomplissement des desseins de Dieu. »

Le second de ces vœux était que, si la communauté de Pontigny venait à se dissoudre, il entrerait dans un Ordre religieux voué à l'apostolat, « car, ajoutait-il pour expliquer ce dernier engagement, depuis que j'ai quitté ma paroisse, en brisant des liens légitimes et bien chers, jamais il ne m'est venu une pensée de regret ni un désir de retour. J'ai toujours ressenti plus de zèle pour la gloire de Dieu et voulu faire plus de bien aux âmes. Pour moi-même, j'ai éprouvé plus de ferveur, plus de fidélité, un plus grand désir d'humiliations et de mortification, un attrait toujours croissant pour la retraite. »

Le P. Boyer revint à Pontigny, calme, heureux de son sacrifice et fort de toute la force de Dieu. Après s'être ainsi lié lui-même par des engagements irrévocables, soudés au feu des vœux, il se trouvait placé sur un terrain solide, où le pied ne pouvait plus lui glisser dans l'inconstance ou les défaillances de la nature. Il partirait de là pour demander aux autres les sacrifices généreux qu'il s'imposait à lui-même, et asseoir sa communauté sur sa seule véritable base, sur la pierre angulaire qui est Jésus-Christ.

Résolu d'entreprendre sans délai, mais à la manière des Saints, avec une ferme suavité, une transformation voulue de Dieu, il appela, pour le seconder dans son dessein, des hommes de foi et d'une longue expérience des choses religieuses. La Providence lui envoya, sans qu'il l'eût demandé personnellement, et sans qu'il le connût, un saint homme, très populaire à Nantes, dont je ne pourrais taire ici le nom sans ingratitude, le R. P. Labonde.

Après une retraite de trente jours passés dans un silence absolu, dans la prière et la méditation, le 29 septembre 1852, fête de saint Michel, nous prononçâmes pour la première fois, en présence d'un petit nombre d'amis, les engagements sacrés qui nous fixèrent pour jamais sur le sol renouvelé de l'antique abbaye, où nous trouverons une cellule pendant la vie et un tombeau après la mort.

L'abbaye rajeunie, il fallait relever les ruines de sa magnifique église, restauration qui s'imposait, mais que l'Etat et les Beaux-Arts refusaient d'entreprendre, et qui eût effrayé une fortune princière. Le *prêtre fidèle* ne pouvait laisser tomber la maison de son Maître, et malgré une pauvreté qui ne nous assurait pas toujours le pain du lendemain, le P. Boyer se mit à l'œuvre. A force de démarches et de sacrifices, il parvint à rendre à l'abbatiale sa solidité et sa beauté premières; elle est aujourd'hui aussi jeune, aussi fraîche, que quand elle sortit, il y a sept cents ans, des mains de l'architecte.

« *Prêtre fidèle !* qui avez tant aimé la gloire de la Maison de Dieu, dormez en paix sous son ombre ! Vous avez

souvent donné aux pauvres, en prenant sur votre né-
cessaire ; mais quand vous avez rendu à ce cher peuple
sa belle église et le culte restauré de saint Edme, vous
lui avez donné plus que du pain, vous lui avez donné
de la foi et de l'espérance, vous lui avez donné Dieu. »

Prêtre fidèle! L'œil de son Évêque le suivait à son
insu et se reposait sur lui avec complaisance. « Celui-ci
est mon fils bien-aimé, pensait l'Évêque ; il sera
l'homme de ma droite et me secondera dans la visite de
mon diocèse. » Un jour, en présence de son clergé réuni,
sans s'être ouvert de son projet à personne, ni surtout
à l'intéressé, il proclame le R. P. Boyer son Vicaire
Général, au milieu des applaudissements. L'humble
religieux refuse de toutes ses forces, en s'abritant
derrière sa règle qui lui interdit toute dignité. Il lui est
répondu que ce n'est pas l'honneur qui lui est offert,
mais la charge qui lui est imposée, la charge d'assister
tous les jours son Évêque dans les fatigantes cérémo-
nies de la Confirmation, et d'adresser tous les jours la
parole et au peuple et aux enfants.

C'était touchant de voir ce dignitaire malgré lui,
debout à la droite de son Évêque, sans aucun insigne,
revêtu seulement du surplis blanc des Lévites. Quelle
distinction aurait brillé aux yeux de tous, avec autant
d'éclat que cette absence de toute distinction ?

Il trouvait là une autre manière d'évangéliser, en
montrant la simplicité et la bonté du sacerdoce. J'en
atteste ceux qui l'ont vu à l'œuvre ; n'a-t-il pas laissé partout, dans les presbytères et dans les châteaux, des traces
aimables et saintes de son passage, et ce parfum de
piété qui s'appelle la bonne odeur de Jésus-Christ ?

Prêtre fidèle! Une Famille religieuse avait pris naissance dans le diocèse, sous le nom de Congrégation de
la Providence. C'était une fleur du pays ; elle était sortie,
comme le clergé, du sein du peuple ; elle avait été

créée pour venir en aide à toutes les faiblesses et à toutes les détresses du peuple. Comme toutes les œuvres de miséricorde fondées par l'Eglise, elle avait grandi vite. Répandue dans les villes, mais surtout dans les villages, auxquels elle était destinée, elle rendait d'immenses services et prodiguait son admirable dévouement à l'éducation des jeunes filles, et au soulagement des pauvres et des malades. Lorsque le vénéré fondateur, sous le poids des ans, se sentit incapable de continuer l'administration spirituelle de sa Congrégation, il chercha dans le diocèse l'homme le plus apte à faire après lui l'œuvre de Dieu. Il n'en trouva point qui répondît mieux à son désir que le R. P. Boyer, homme judicieux et calme, administrateur habile, incliné aux détails, religieux exemplaire, et la régularité même. Il le désigna au choix de l'Archevêque de Sens, qui fut heureux de mettre la Communauté sous la direction du prêtre qu'il estimait le plus dans son diocèse.

C'était au mois de janvier 1857. Le *prêtre fidèle* n'hésita pas à ajouter ce fardeau à ceux qui pesaient déjà sur lui. Il voyait là un grand service à rendre à l'Eglise et un moyen de sanctifier l'enfance et la jeunesse, de sauver les vieillards et les mourants. Et puis, il aimait ces asiles de sainteté, où son âme affamée de Dieu se reposait du bruit et des iniquités du monde. Il savait aussi qu'une âme parfaite, ou qui tend à la perfection, procure plus de gloire à Dieu que cent âmes imparfaites.

Il se mit à l'œuvre. Présidant tous les examens des postulantes et des novices, assistant à toutes les retraites et entendant toutes les Sœurs, les visitant dans leurs Maisons partout où il passait, il développa dans la Congrégation une sève nouvelle. Comme toutes les institutions elle avait subi des épreuves ; mais sous son active et prudente direction, elle se sentit revivre et reprit sa première vigueur.

Jamais, ô mes Sœurs de la Providence, vous n'aurez à votre tête un homme plus dévoué, plus généreux, plus compatissant à vos douleurs, plus condescendant à vos infirmités, plus patient et plus doux. Vous êtes nombreuses ; il vous connaissait toutes par votre nom et par le fond de votre âme ; il savait vos aptitudes et vos goûts. Il s'occupait de vous comme si vous eussiez été sa seule famille. Vous l'avez pleuré, vous ne le pleurerez jamais assez, et s'il n'était au ciel, ce sont vos prières incessantes qui devraient l'y introduire.

Prêtre fidèle ! L'apostolat de la parole ne lui suffisait pas ; il lui fallait encore l'*Apostolat de la Prière*. Il était l'homme de la prière continuelle, et malgré ses accablantes occupations, il récitait chaque jour son rosaire tout entier. Aussi, lorsque notre vénérable Archevêque voulut établir dans son diocèse cette œuvre de l'*Apostolat de la Prière*, son premier regard se tourna vers celui qu'il savait être l'homme de la prière par excellence. Dès que ce *prêtre fidèle*, le plus *priant* peut-être de son diocèse, eut pris en main cette association toute de zèle, il prépara et publia un Manuel de l'*Apostolat* ; il en confia la diffusion à des zélateurs infatigables, et, depuis, le nombre des adhérents s'est multiplié dans les villes et jusque dans les plus petits villages.

Les âmes qu'il avait tant assistées de la prière pendant sa vie, il les suivait de ses suffrages, jusqu'au delà du tombeau. Il s'oubliait lui-même pour elles ; par le *vœu héroïque*, il avait fait aux âmes souffrantes dans le purgatoire, la donation entière de ses œuvres satisfactoires, et en leur faveur il se dépouillait de toutes les indulgences qu'il aurait pu gagner pour lui-même, réalisant ainsi jusqu'au bout la belle définition du sacerdoce : Il est l'immolation de l'homme, ajoutée à celle de Dieu.

Voilà, Mes Frères, une faible partie des œuvres qui

mériteront à jamais au R. P. Boyer le titre glorieux de
prêtre fidèle. Si vous ajoutez à ces travaux les innombrables missions, les retraites ecclésiastiques, les retraites religieuses, les discours que par milliers il a pronon-
cés, vous serez étonnés de la quantité de labeurs et de
mérites qui ont rempli cette longue et si active
carrière. Comme il n'avait aucune prétention au renom
d'orateur, son cœur était toujours prêt à se répandre en
saintes paroles, *eructavit cor meum verbum bonum* (1). Il
se faisait un devoir, autant que ses ministères le lui
permettaient, d'assister les prêtres, les religieuses, tous
ses amis, à leurs derniers moments, de les conduire
à leur dernière demeure. Il paraissait rarement aux
obsèques d'un prêtre, sans qu'on le priât de prendre la
parole, et il le faisait avec cette éloquence du cœur qui
édifie toujours et qui fait souvent verser des larmes.

Trois fois le terrible fléau du choléra sévit dans nos
contrées, trois fois le R. P. Boyer alla se placer au foyer
le plus actif de la contagion. Il y courait avec sérénité
et avec la certitude de ramener plus facilement à Dieu
et à la vertu des âmes terrorisées par le mal, et aussi
avec le secret espoir de cueillir sur ces champs obscurs
la palme du martyre de la charité.

Il était apôtre par-dessus tout, et quelles que fussent
ses aptitudes pour les fonctions administratives, atta-
chées à sa charge, il lui était impossible de s'y confiner.
Nous avons sous la main une *élection* faite devant Dieu
pour fixer sa voie. Voici ce qu'il expose : « Quitter le
ministère des missions, ce serait le plus grand sacrifice
que je pusse faire. Je n'ai tout abandonné que pour
être missionnaire et sauver des âmes ; ç'a toujours été
toute l'ambition de ma vie... M'en retirer, ce serait
m'ôter le plus puissant et le plus efficace moyen de

(1) Psaume XLI, 4.

sanctification. Je prêche rarement les autres, sans
m'appliquer à moi-même ce que j'enseigne. Je n'ai senti
le besoin d'entrer en religion, et je ne me suis déterminé
à le faire, qu'après avoir prêché une Profession religieuse... En mission et en retraite, je reste plus facilement uni à Dieu ; les âmes fidèles comme les pécheurs
qui s'adressent à moi, me font également du bien ; mon
zèle s'anime par la pensée de ceux qui se convertissent,
comme de ceux qui ne se convertissent pas. Je reviens
rarement d'un de ces ministères sans une nouvelle ferveur ; mes forces morales et physiques se trouvent
considérablement augmentées... »

Le R. P. Boyer était un de ces hommes exceptionnels
qui sont tellement unis à Dieu qu'ils le portent partout
avec eux, et, loin de craindre le contact du monde,
savent y trouver un profit spirituel. Il pouvait dire, par
une heureuse exception : Toutes les fois que j'ai été
parmi les hommes, j'en suis revenu plus homme et plus
prêtre.

Ah ! c'est que Dieu s'était suscité ce *prêtre fidèle* et
lui avait fait sentir le prix et la beauté des âmes : « Quiconque ici-bas, sous l'enveloppe douloureuse qui nous
presse et nous obscurcit, reconnaît l'image immortelle
de Dieu, quiconque y discerne, malgré la ruine et la
désolation du péché, un tel et si cher objet d'amour qu'il
en voudrait mourir, celui-là est du sang qui se verse
pour le salut ; il entend quelque part, plus haut que
toute chose, une voix qui lui dit : « *Suscitabo mihi
sacerdotem fidelem.* » — *Je te susciterai pour être mon prêtre
fidèle* (1). »

(1) LACORDAIRE.

III

Qui juxta cor meum faciet.

Vous comprenez, Mes Frères, que pour remplir une
telle carrière et répondre si fidèlement à tous les desseins de Dieu, il faut revêtir une similitude divine et
agir selon le Cœur de Jésus. Or, la première qualité de
Dieu est d'être sans péché, et celle du Cœur de Jésus,
d'être pur, humble et doux. Le premier signe qui dis-
tingue le R. P. Boyer et qui lui donne la caractéristique
des saints, c'est l'innocence de la vie. Il m'est doux
d'affirmer que le R. P. Boyer a conservé toujours son
innocence baptismale et la pureté virginale de son
cœur. Comme l'hermine, il avait l'horreur instinctive
de tout ce qui souille, et ne souffrait pas une tache ni un
grain de poussière, pas plus sur son âme que sur ses
vêtements, gardant ainsi la netteté parfaite de l'âme et
du corps. Il aimait de même l'ordre qui est Dieu, et il le
rétablissait sans cesse autour de lui. Si donc l'on peut
dire que l'ordre, ainsi que la propreté, est une demi-
vertu, ajoutons-les comme complément à ses héroïsmes
quotidiens.

Il était difficile qu'une vie active comme la sienne ne
soulevât pas quelques grains de cette poussière du
monde que le vent emporte jusque sur les lis. Aussi le
bain de la pénitence lui était-il familier, et ne passait-il
pas une semaine sans venir y chercher une fraîcheur

nouvelle. Dans ses jeunes années, où l'ardeur de son caractère l'exposait à quelques premiers mouvements, il y recourait même plusieurs fois la semaine, pour dompter la verdeur de sa nature. Celle-ci mûrit tellement sous les rayons de la grâce, qu'elle perdit bientôt son âpreté native, et, si sa jeunesse a été la plus belle des fleurs, on peut dire que sa vieillesse a été le plus savoureux des fruits.

C'était un beau spectacle, M. F., que celui d'une pareille âme. Quand elle s'ouvrait devant vous, comme un de ces beaux livres illustrés par le génie des saints du moyen-âge, et qu'on pouvait y lire le secret de ces héroïsmes que Dieu seul connaît, les yeux se mouillaient de larmes. Ah ! si les détracteurs aveugles et haineux de l'Église eussent pu regarder une heure seulement au fond de cette âme sacerdotale, ils auraient senti la haine et le préjugé céder à l'admiration, et, comprenant la vitalité de l'Église, auraient avoué qu'une institution qui compte par milliers de tels apôtres ne peut pas périr. Les seules causes qui meurent, sont celles pour lesquelles on ne veut pas se dévouer et mourir.

Puis, comme le cœur de Jésus, le R. P. Boyer fut doux et bon ; et il posséda l'empire promis à la douceur. Il ne connut jamais d'ennemis personnels, il n'en eut d'autres que ceux de Dieu et de l'Église ; encore ne les connut-il point : il ne les voyait même pas, car ces ennemis-là sont en bas, et il regardait toujours en haut ; il avait besoin d'avoir du ciel dans les yeux. Il était clément jusqu'à s'attirer le reproche de faiblesse. Aussi était-il universellement aimé et admiré. Il disait encore en sa dernière maladie : « Je ne puis souffrir une ombre entre une âme et moi. » Prévenant toujours celui qui lui montrait de la froideur, il pouvait dire avec l'aimable François de Sales : « J'ai le cœur fait comme les arbres qui donnent le baume : plus on les déchire, plus

ils donnent leur parfum... Plus on me peinait, plus j'aimais... Je me faisais petit pour conduire les petits, et,
comme le bon pasteur, je mesurais mes pas aux pas de
mes petits agneaux. Sans doute je les conduisais, mais
je ne les pressais pas trop, de peur de les fatiguer... Je
recevais chacun avec un visage gracieux, sans en écon-
duire aucun de quelque condition qu'il fût. J'écoutais
tout le monde paisiblement et aussi longtemps que chacun voulait, tout comme si je n'avais eu que cela à faire.
Est-ce que le bon ange de chacun n'était pas là pour me
regarder ?... Je me faisais bien pliable au vouloir des
autres, cherchant, non à faire aller les autres à moi,
mais à aller moi-même aux autres. Oh ! que c'est une
grande paix et un grand bien d'être ainsi pliable et
facile à être tourné en toutes mains... Je regardais cette
vie comme un voyage que nous avons à faire unis à
ceux que Dieu met près de nous sur le même chemin.
Ces compagnons de route, je les acceptais volontiers,
Dieu me les envoyait, je les supportais, et je les aidais,
et je les aimais. Ne fallait-il pas qu'arrivés au terme du
voyage ils pussent dire que j'avais été bon pour eux... »
— « Oui, Père aimé, nous disons tous, et pendant toute
l'éternité nous redirons que vous avez été bon, très
bon, parfaitement bon pour nous. »

Lorsqu'on voyait le Révérend Père humble, petit et
doux comme un enfant, pur comme un ange, on sentait
qu'il avait, pour se soutenir au-dessus de nos basses
régions et vivre dans un air plus divin, les deux ailes
dont parle l'Imitation, la pureté que nous venons d'ad-
mirer et la simplicité !... La simplicité et la droiture
étaient un des traits saillants de son caractère. Il n'était
pas *habile* en affaires; les finesses lui étaient absolument
étrangères. « Aussi, disait-il en souriant, je ne sais pas
être rusé, et, si je voulais être astucieux, je me pren-
drais et m'embarrasserais dans les filets de mes ruses. »

Cette droiture naïve, cette sincérité sans ombre, donnaient un grand charme à son commerce et lui faisaient des amis de toutes ses connaissances.

Ainsi le R. P. Boyer agissait selon le cœur de Jésus, *qui juxta cor meum faciet* ; j'ajoute, selon le cœur pénitent de Jésus. Cette parfaite innocence de vie, cette complète domination de lui-même, il sut les mettre sous la garde de la mortification et de la modestie, devenues comme ses deux austères et inséparables compagnes.

Dans cette humble vie, comme dans celle de tous les saints, le chapitre le plus effroyable est celui des macérations. Chaque semaine, le cilice, les chaînes, les disciplines avaient leur jour marqué. Il voulait que son sommeil fût austère. Pendant quarante ans, il coucha sur la dure. Il avait dans sa chambre un pauvre lit, dont il ne se servait jamais, et qui était là pour laisser croire qu'il y dormait. Chaque soir, il étendait par terre deux planches sur lesquelles il se reposait de ses journées pleines de fatigues.

Eh bien ! M. F., je vous étonnerai peut-être en affirmant que ces austérités qui vous effrayent, ne sont pas ce que je trouve de plus héroïque en lui. On peut, d'une certaine manière, dire de lui ce qui a été dit de Dieu : « Qu'il était grand dans les grandes choses, et très grand dans les petites. » — « *Magnus in magnis, maximus in minimis.* » Ce qui me paraît plus admirable, c'est la continuelle mortification qu'il portait en toutes choses. Il ne se servait jamais de ses sens ni des créatures pour l'agrément, mais uniquement pour le devoir. Vous pouviez le suivre de l'œil, du matin au soir, à table, à l'église, à la récréation ; son attitude, son maintien, sa démarche étaient mesurés par une habituelle modestie. A table, il mortifiait ses goûts ; à la chapelle, agenouillé comme un ange adorateur, il restait immobile et ne se permettait aucun de ces soulagements qu'eût autorisés

son âge. Quelque pressé ou fatigué qu'il fût, il était
présent à tous les exercices communs. Il chantait au
chœur, pendant les offices, n'y récitant pas son bré-
viaire, qu'il avait eu soin de dire avant, malgré ses
nombreuses occupations. La régularité, ce lit de Pro-
custe qui retranche tout ce qui dépasse la ligne, et qui
exige qu'on s'étende et s'efforce pour aller jusqu'au bout
de soi-même, la régularité était absolue chez lui : on le
trouvait toujours le premier au devoir. Un évêque, ami
de saint François de Sales, raconte qu'il eut l'indiscré-
tion de considérer, par la fente de la porte, son saint
ami, seul dans sa chambre. Il le vit avec grande édifica-
tion, dans une attitude aussi digne, aussi réservée et
aussi religieuse que s'il eût officié dans sa Cathédrale,
en présence de tout son peuple. Vous pouviez entrer à
toute heure dans la chambre du R. P. Boyer, qu'il fût
au travail ou à la prière, assis ou à genoux, vous le
trouviez toujours dans l'attitude religieuse d'un homme
qui se sent en la présence de Dieu. Voilà ce que nous
avons admiré pendant quarante-sept ans, sans un jour
d'éclipse et de défaillance, et ce qui nous paraît, dans sa
continuité parfaite, un héroïsme digne de l'admiration
des anges et des hommes.

Il portait dans tous ses ministères du dehors la même
modestie et la même régularité. Dans ses missions de
village, même par les froids les plus rigoureux, il se
rendait à l'église longtemps avant le jour et restait
agenouillé entre les deux trônes de Jésus : le tabernacle,
qui est le trône de son amour, et le tribunal de la
pénitence, qui est le trône de sa miséricorde. Au pied
du premier, il adorait ; au pied du second, il attendait
les pécheurs et priait pour eux.

Ayant remarqué que la gaîté de la conversation
l'avait entraîné à quelque perte de temps, c'était une
fissure par laquelle se glissait la nature, il y mit ordre

à la manière des saints, et fit vœu, comme saint Liguori, de ne pas perdre une heure. Le vœu, qui effraye les faibles, charme les forts, en les rattachant plus étroitement à Dieu, et en les portant, comme nous allons le voir, jusqu'aux plus hauts sommets de la perfection.

Le Révérend Père avait cinquante ans lorsque Dieu lui inspira de disposer une nouvelle et suprême ascension dans son cœur, *disposuit ascensiones in corde suo* (1). Il prêchait une retraite aux prêtres de l'Union apostolique de Notre-Dame-sur-Vire, et, comme toujours, s'enivrait lui-même de la sainte doctrine dont il abreuvait les autres, lorsqu'une lumière soudaine se révéla à son âme altérée de Dieu. Ecoutons-le parler : « Il y a longtemps que j'ai éprouvé pour la première fois le désir de faire le *vœu du plus parfait,* et ce désir revenait toutes les fois que je me trouvais plus uni au Bon Dieu. J'ai lieu de craindre et je crains d'avoir refusé à la grâce ce qu'elle me demandait. J'ai senti pendant la retraite que j'étais bien en retard avec Dieu, que j'avais beaucoup de négligences à expier, la fidélité à mon vœu m'aiderait à tout réparer... Les années s'en vont, les forces diminuent, la mort peut survenir, et je sens que je ne serais pas tranquille au moment de la mort, si je n'avais fait quelque chose de plus que ce que j'ai fait jusqu'ici, et mis plus de générosité dans le service de Dieu. »

Un mot de son directeur, en qui sa foi voyait Jésus-Christ, eût suffi pour comprimer cet élan. Mais qui eût osé l'entraver? Son directeur, connaissant le ressort puissant de sa volonté, ne s'effrayait pas des saintes audaces d'une telle âme : il la contemplait avec admiration, comme on regarde un aigle planant dans les cieux.

En la fête de la Visitation 1864, le R. P. Boyer s'en-

(1) Psaume LXXXIII, 6.

gagea donc par un vœu, aux pieds de la statue miracu-
leuse de Notre-Dame-sur-Vire, à faire tous les jours et à
toutes les heures de sa vie, ce qui lui paraîtrait le plus
parfait, quoiqu'il en coûtât à la nature ; et il est resté
fidèle à son vœu jusqu'à la fin.

Qu'ai-je à ajouter ? Le *prêtre fidèle* ne vient-il pas de
mettre sur sa vie le sceau infrangible, qui est le cachet
des Saints ?

Il revint joyeux et renouvelé parmi nous, continua ses
travaux apostoliques, et s'appliqua à préparer les Consti-
tutions qui devaient consolider sa maison religieuse.

Les années s'écoulaient rapidement et s'accumulaient
avec les mérites, lorsque le cinquantième anniversaire
de son sacerdoce s'annonça et excita dans son âme un
immense besoin de reconnaissance. Regardant du haut
de ses soixante-quatorze ans, sa belle vie qui lui appa-
raissait comme un champ couvert d'une moisson jau-
nissante ; et n'y voyant que des souvenirs consolants,
des bienfaits et des grâces sans nombre, il s'adressa à
sa famille naturelle tant aimée, à sa double famille religieuse, à toutes les âmes qu'il avait édifiées, et il leur
cria avec les accents de l'Esprit-Saint : « *Venite exul-
temus Domino, jubilemus Deo salutari nostro !* — Venez
et réjouissons-nous dans le Seigneur, jubilons d'allégresse en Dieu qui est notre salut ! » (1). Cette fête magnifique de l'action de grâces sembla soulager son cœur
et rajeunir sa vie. Ce fut un jour vraiment triomphal :
ses fils heureux l'entouraient comme les rejetons de
l'olivier ; ils célébraient par les chants, l'éloquence et la
poésie, les innombrables bénédictions que Dieu avait
répandues sur la longue vie de leur Père. Pour lui,
recueilli et comme accablé sous le poids de la reconnaissance, il laissait couler ses larmes silencieuses.

(1) Ps., xciv, 1.

C'étaient les premières vêpres du Ciel, dont la fête devait se célébrer six ans après. L'âme des justes exhale, comme les fleurs, plus de parfum vers le soir. A mesure qu'il s'inclinait vers le terme, le visage du R. P. Boyer prenait une expression plus céleste ; il aspirait visiblement au ciel. Les tristes événements qui affligeaient l'Église, des défections douloureuses, la mort de plusieurs des siens, achevèrent de le détacher de la terre. C'était le fruit mûr, que Dieu allait cueillir. A chaque persécution nouvelle qui atteignait l'Église et les Ordres religieux, il disait en gémissant : « Ah ! mon Dieu, que tout cela fait donc désirer la Patrie ! »

Sa vie n'avait été qu'une préparation à la mort. Cependant, comme par une inspiration divine, quelques mois avant de quitter la terre, il annonça le dessein d'aller se recueillir neuf jours dans le sanctuaire de N.-D. de Lourdes, pour se disposer à mourir et s'abreuver à longs traits de repentir, d'espérance et d'amour. Il soumit à une minutieuse épreuve sa vie tout entière, et après une absolution générale, reçue comme la dernière, il ne pensa plus, dans la joie de son âme renouvelée, qu'à remercier et à aimer. Il passait ses journées et une partie de ses nuits dans la sainte grotte, à prier toujours, à prier pour tous. Dieu lui répondait par de suaves consolations et lui entr'ouvrait l'horizon de ce Ciel, où il devait bientôt l'appeler.

Enfin le jour suprême approcha. Avant de consommer lui-même le sacrifice, le Père si tendre et si dévoué eut à mourir en deux de ses fils les plus saints. Puis tout à coup, le lundi 15 février, après quelques jours de souffrances, le péril de mort se déclara, avec une violence qui ne laissait plus aucun espoir. A l'offre des derniers Sacrements, le pieux malade, qui ne soupçonnait pas la gravité de son état, répondit avec calme et énergie : « Je suis prêt depuis longtemps, je me prépare tous les

jours à la mort. » En présence de la Sainte Eucha-
ristie, retrouvant sa parole vibrante d'autrefois, il de-
manda à ses Pères et à ses Frères un pardon que
personne n'avait à lui accorder, car il n'avait jamais
offensé ni scandalisé personne. Il leur adressa ensuite
ses dernières recommandations qui étaient comme
l'écho fidèle du discours de Notre-Seigneur à ses apôtres
après la Cène : *Ut sint unum* (1) : « Aimez-vous les uns
les autres ; que l'union et la charité règnent toujours
parmi vous... Aimez l'Eglise, aimez le Souverain
Pontife, et soyez-lui à jamais soumis et dévoués... Soyez
fidèles à votre vocation, et travaillez toujours avec zèle
au salut des âmes..... » Il reçut ensuite les derniers
Sacrements, et, toujours fidèle jusque dans la mort,
attendit avec calme l'appel suprême de son Dieu.

Il survécut encore, contre toute attente, deux jours et
deux nuits, sans douleur et dans une sorte d'agonie,
qui lui laissait la plénitude de son intelligence et de son
cœur. On peut dire qu'il ne fut jamais plus apôtre que
pendant ces deux derniers jours. Son lit de mort devint
vraiment, comme la croix de Jésus-Christ, *ara litantis,
cathedra docentis,* l'autel du sacrificateur, la chaire du
docteur. A cet autel, où il offrit son dernier sacrifice pour
ses deux familles et pour son peuple, il pria sans cesse,
invitant les assistants à mêler leur voix à sa voix hale-
tante et fatiguée, pour prier avec lui.

Son lit de mort fut aussi la chaire d'où il adressa à
tous ses visiteurs des paroles qu'ils n'oublieront jamais.
Il recommanda de laisser entrer auprès de lui tous ceux
qui en témoignaient le désir. Il les reconnaissait et les
accueillait avec sa bonté habituelle que l'approche de la
mort rendait encore plus suave. Il adressait à chacun le
mot qui lui convenait et qui était reçu avec émotion

(1) S. Jean, xviii 11.

comme le mot suprême. A une âme éprouvée par la souffrance, il disait : « Vouloir ce que Dieu veut, comme il le veut, autant qu'il le veut. » A une autre, trop sensible aux peines du cœur, mais capable de grands sacrifices, il donnait la parole célèbre de saint Jean de la Croix, qui était sa devise favorite : « Seigneur, souffrir et être méprisé pour vous. » Il les bénissait ensuite avec effusion. Ces audiences, qui se prolongeaient et se renouvelaient souvent, étaient d'éloquentes prédications. « Reposez-vous, lui disait-on, tant de paroles doivent vous fatiguer. » — « Non, répondait l'apôtre infatigable jusque dans la mort, je suis content, laissez-les tous entrer ; je puis leur faire du bien, c'est utile de voir et d'entendre un mourant. »

Les heureux gardiens de ses deux dernières nuits, déclarèrent qu'ils ne donneraient pour rien au monde, les heures qu'il leur fut donné de passer auprès de lui. Il s'épanchait tendrement avec eux, et quoiqu'il eut bien voulu vivre pour sauver encore des âmes, il leur redisait avec saint Paul : « Je désire me dissoudre pour être avec Jésus-Christ. Combien je remercie Dieu de me rappeler à lui en ces jours mauvais, et de m'épargner le spectacle des désolations de l'Église et de la perte de tant d'âmes ; pour vous, mes enfants, montrez-vous toujours fidèles à Jésus-Christ, malgré les difficultés et le malheur des temps. »

Cependant le mal continuait ses progrès, la vie s'en allait goutte à goutte, les soupirs devenaient plus faibles et plus lents, et enfin, le mercredi soir 17 février, le *prêtre fidèle* jusqu'à la mort, rendait doucement sa belle âme à Dieu.

Recevez, Père aimé et vénéré, l'adieu solennel que vos Fils en Religion, vos Frères dans le sacerdoce, les âmes qui vous sont liées par la nature et par la grâce,

viennent vous adresser aujourd'hui au pied des autels
et au pied de votre tombeau. Ce n'est pas l'éternel adieu
que les hommes sans foi arrosent de leurs larmes
inutiles, inconsolées, et adressent à ceux qu'ils quit-
tent sans espoir de les revoir jamais. Notre douleur,
à nous, est mêlée d'allégresse et notre adieu est plein
d'immortalité. Nous ne nous quittons pas, Père bien-
aimé, vous allez dans un pays qui est le nôtre et où
nous vous retrouverons bientôt. En attendant, nous
gardons votre présence *réelle* comme une suprême
consolation ; vous reviendrez visiter souvent cette
maison qui est la vôtre, ce diocèse et cette paroisse qui
restent pleins du souvenir de votre parole et de vos
vertus.

Votre âme bienheureuse, nous en avons l'inébran-
lable espérance, est déjà au ciel ; mais si elle attendait
encore l'heure de la délivrance, nous sommes venus au
pied de ces autels où vous avez si souvent offert le
Saint Sacrifice, pour faire monter jusqu'au ciel nos
prières avec la clameur puissante du sang de Jésus-
Christ.

Ouvrez, Seigneur Jésus, ouvrez, Sainte Vierge
Marie, ouvrez, Saints et Saintes de Dieu, ouvrez les
portes éternelles : c'est votre apôtre, c'est votre fils,
c'est votre frère, c'est votre ami. Chef de la milice
céleste, saint Michel, dont il a restauré le culte ;
Prince des Apôtres, saint Pierre, dont il porta le nom et
qu'il honora d'une si filiale piété, venez au-devant de
lui. Venez, Martyrs, avec vos palmes, au-devant de
celui qui fut martyr dans sa chair et dans son cœur.
Venez, Pontifes et prêtres du Seigneur, avec vos étoles
blanchies dans le sang de l'Agneau, au-devant de celui
qui fut l'honneur du sacerdoce. Venez avec vos lis,
vierges consacrées à Dieu, au devant de celui qui vécut
sans tache et vous dirigea dans les voies de la perfection.

Venez avec vos couronnes, légions d'âmes qu'il a converties et sanctifiées, introduisez-le au paradis où il vous a conduit.

Et vous, Père, du haut du ciel où votre place est si belle, vous demeurerez à jamais notre puissant protecteur, car nous savons que quand « un saint meurt sur la terre, c'est une prière éternelle qui naît dans les cieux. »

Auxerre, imp. CHAMBON.

70

www.ingramcontent.com/pod-product-compliance
Lightning Source LLC
LaVergne TN
LVHW020041090426
835510LV00039B/1364